DESCÚBRELO TODO SOBRE LA CONTRATACIÓN

Las claves para dominar
el funcionamiento del proceso
de contratación

Por Caroline Cailteux

Traducido por Laura Bernal Martín

Coaching en50MINUTOS.es

LA CONTRATACIÓN

- **¿Problemática?** ¿Cómo preparar bien una contratación para obtener un resultado pertinente?
- **¿Utilidad?** En un equipo pequeño –y a veces incluso en el seno de un organismo más grande–, la contratación es asunto de todos, y todo el mundo es susceptible de tener que vérselas con ella antes o después. Por ello, no viene mal asimilar algunos principios fruto de la experiencia para que te ayuden a contratar al candidato adecuado.
- **¿Contexto profesional?** Gestión de recursos humanos.
- **¿Preguntas frecuentes?**
  - <u>¿Los mejores candidatos siempre se encuentran fuera de la empresa?</u>
  - <u>¿Cuáles son los métodos de selección utilizados más a menudo?</u>
  - <u>¿Cuáles son los métodos más eficaces?</u>
  - <u>¿Cuánto tiempo dura el proceso de contratación?</u>
  - <u>¿Cuántas etapas hay que establecer en la selección?</u>
  - <u>¿Quién tiene algo que decir en la contratación?</u>
  - <u>¿Cómo evitar a los «falsos buenos candidatos»?</u>

¡La contratación es un proceso bilateral que engloba tanto las competencias del candidato como las del encargado de la misma! Aunque muchas empresas tienen la posibilidad de ofrecer los servicios de reclutadores de personal profesionales, a veces se da la situación de que se les encarga esta misión a personas poco experimentadas, sobre todo en las organizaciones más pequeñas. Si esta es tu situación, aquí encontrarás algunas claves, recomendaciones y consejos que te guiarán en el proceso de selección de candidatos.

Hay que señalar que la mayor parte de las contrataciones se hacen con prisa. Una persona aparece en tu despacho y te pide que encuentres una solución para ayer, mientras que tú estás desbordado de trabajo; Youssef acaba de dimitir para irse a trabajar a Brasil; Marion se jubila dentro de algunas semanas; Pierre acaba de avisar de que se ha roto la pierna y que estará de baja dos meses... Y cuando te conectas para colgar lo antes posible una oferta, un colega te recuerda amablemente que este año los presupuestos son bastante ajustados...

¡PARA! Sobre todo, ¡no te precipites! Es esencial no olvidarse de que contratar es invertir, solo que el tiempo que le dedicas a encontrar al candidato de tus sueños ya tiene un precio. Así que tómate un momento para analizar la situación: ¿qué buscas exactamente? ¿Por qué? ¿Dónde? ¿Cuándo? ¿Cómo? ¿Para quién? Esta última pregunta es importante: cuantos más participéis en el proceso de contratación, más diversos serán los pasos que habrá que tener en cuenta. Te sorprendería ver las diferentes percepciones y expectativas que tienen las personas implicadas en un proceso de contratación y de selección.

Si la noción de contratación te hace pensar en una madeja de lana cuyo hilo conductor no eres capaz de encontrar, tómate 50 minutos y pronto lo verás más claro. Seas experto o no, una buena contratación se parece a una recepción bien organizada. Independientemente de los recursos que tengas a tu disposición y del perfil de los invitados, lo importante es respetar algunos principios para garantizar que todo vaya a pedir de boca. No te olvides de que, aunque seas tú el que invitas a los candidatos a la selección, estos últimos serán socios activos que, a su vez, ¡te evaluarán a ti! Tendrás de demostrar tu amabilidad, los valores y cualidades de tu empresa y tu profesionalismo. Porque, te guste o no, ellos también cuestionarán tus competencias. Así que si quieres que el diálogo sea constructivo y que se salde con un apretón de manos en el que ambos ganéis, un consejo: ¡prepárate!

EL ABECÉ DEL RECLUTADOR DE PERSONAL PREPARADO

Cada reclutador de personal aplica su receta de contratación, pero existe, sin embargo, un hilo conductor para este proceso. Muchos investigadores se han interesado por la cuestión de la descripción de un «procedimiento clásico de la contratación» (Laberon 2011). En la confluencia de estos enfoques científicos aparece la columna vertebral del proceso, que se articula en torno a cinco etapas clave:

- el análisis;
- la estrategia;
- la evaluación;
- la selección;
- la concretización.

ANALIZAR EL CONTEXTO DE LA CONTRATACIÓN PARA VER CON CLARIDAD

Cuando pensamos en la contratación, nos imaginamos con facilidad a un reclutador de personal o a un tribunal de evaluadores frente a un candidato que intenta no derramar el café mientras responde a las preguntas. Sin duda, tu primer reflejo será preparar una lista con las tradicionales preguntas que crees que plantearás: «¿Cuál es tu trayectoria profesional?»; «¿Cuáles son tus referencias?»; «¿Qué has hecho en el pasado?»; «¿Podrías citar tres de tus cualidades y tres de tus defectos?»; etc. No obstante, antes de empezar a interrogar a tus candidatos, ¡está en tus manos plantearte las preguntas correctas!

¿Por qué tenemos que contratar?

- ¿Para crear una nueva función con el objetivo de responder a nuevas necesidades?
- ¿Tenemos que reemplazar a Michel, que se ha jubilado? En ese caso, ¿es mejor elegir un perfil con experiencia o a un principiante y plantear un plan de formación?
- ¿Tenemos que reemplazar a una persona que ha dimitido? ¿Por qué lo ha hecho? ¿Existen tensiones en el seno del equipo?

¿Es realmente necesario iniciar un proceso de contratación?

- ¿La función que queda libre sigue siendo actual?
- ¿No hay que redefinir la función teniendo en cuenta las evoluciones del contexto?
- ¿No podría encargarse de la función un miembro del personal?
- ¿Las actividades dedicadas a esta función no pueden redistribuirse?
- ¿No se podría volver a contactar con un candidato de una selección precedente?
- ¿Disponemos de una reserva de candidaturas?

¿Cuál será el impacto de esta contratación en la organización?

- ¿Habrá que evitar herir susceptibilidades?
- ¿Se trata de una función sensible en un ambiente de trabajo en crisis?
- ¿Se trata de un puesto crítico que tiene que ser ocupado

rápidamente?

- ¿Lo que está en juego para los que intervienen en la contratación es idéntico para todos?
- ¿Existen solicitudes ocultas? Por ejemplo, ¿el comanditario tiene proyectos de futuro para la función que no menciona espontáneamente y que podrían influir al perfil? ¿El mánager busca un perfil de personalidad particular para movilizar o mitigar otro perfil en el seno del equipo?
- ¿Las percepciones de la función son idénticas para los diferentes intervinientes en la contratación?

¿Qué coste podrá representar la contratación?

- ¿Cuál es el impacto de este nuevo salario en el presupuesto del personal?
- ¿Existen primas o ventajas para disminuir los costes?
- ¿La función está vinculada a una convención con vistas a la obtención de subvenciones?
- ¿Cuál sería el coste indirecto de esta contratación? ¿Cuánto tiempo dedicarle? ¿Cuántas personas deberían participar en el proceso de selección?
- ¿Cuáles son los medios para patrocinar la publicación de la oferta y los métodos de selección?

Cuando hayas respondido a estas preguntas y hayas conseguido posicionar tu proceso de contratación en lo que se refiere a estrategia de organización, podrás pasar a la siguiente etapa: determinar la estrategia de contratación propiamente dicha.

DEFINIR LA ESTRATEGIA PARA DAR A CONOCER LA SOLICITUD

En esta altura, en principio tienes una visión global del proceso. Por ejemplo, sabes que hay que reemplazar a Marion, que se jubila; que Géraldine desea el puesto pero que no tiene las competencias necesarias para reemplazarla; que el mánager quiere contratar a un principiante porque cree que sus ideas serán más innovadoras; que tienes que contactar con Louis para pedirle que sea su tutor y planificar un programa de formación relativo a las especificidades de la empresa.

Antes de invertir tu energía en la publicación de una oferta de empleo y de reunirte con los candidatos potenciales, es fundamental que le dediques tiempo a la elaboración de tu estrategia de contratación.

La descripción de la función — ¿Qué busco?

La cuestión transversal al proceso de contratación consiste en preguntarse si el perfil del candidato se corresponde con el perfil que se busca. El reto radica, entonces, en definir el perfil esperado teniendo en cuenta varias dimensiones:

- el vínculo entre la función y la organización:
  - la misión en la dinámica global de la empresa,
  - la posición en el organigrama,
  - los márgenes de maniobra y las responsabilidades,
  - los valores esperados, que reflejan la cultura de la empresa;
- la función:

- las actividades que la persona tendrá que llevar a cabo,
  - los conocimientos, las competencias o los talentos esperados,
  - los prerrequisitos y las condiciones de acceso para ocupar la función;
- el vínculo con el entorno de trabajo inmediato:
  - las particularidades de las condiciones de trabajo (solo, en equipo, interior, exterior, horarios de noche, etc.),
  - las características personales favorables a la integración en el equipo,
  - los riesgos físicos, medioambientales y psicosociales relacionados con el ejercicio de la función.

La descripción de la función, a menudo descuidada, es sin embargo la piedra angular de una gestión de recursos humanos coherente. Sirve de marco para los intercambios y de punto de partida para las conversaciones. El contenido de una descripción de función y el nivel de síntesis o de exhaustividad que requiere dependerá de la estrategia de RR. HH. de la empresa y de su nivel de madurez en el ámbito. Algunas empresas ni siquiera disponen de descripciones de funciones, mientras que otras hablan de gestión de competencias o incluso de gestión de talentos.

Si quieres redactar una descripción de función eficaz, asegúrate de adaptarla al estilo y al ritmo de tu empresa. Lo importante es que sea un documento claro, estructurado y que los actores del proceso (comanditarios, evaluadores y destinatarios) estén de acuerdo con su contenido.

Los elementos recogidos en la descripción de la función te permitirán deducir los criterios de selección, es decir, las características que buscas en los candidatos para determinar si responden o no a tus exigencias. Los científicos hablan generalmente de «predictores», considerando que la incidencia de estas características permitirá predecir el rendimiento de los candidatos.

El perfil de competencias y los criterios de selección

La descripción de función no deja de ser una definición teórica de las características de un empleo y de los conocimientos y competencias útiles y necesarias para su ejercicio. Imaginemos que estás buscando un coordinador de proyectos, a tiempo completo, para un centro cultural. El proyecto está en sus inicios y la persona contratada, en primer lugar, tendrá que realizar un diagnóstico de la situación cultural en el barrio. Antes de poner en marcha actividades culturales, tendrá que dedicar un año a realizar un sondeo de opinión de los usuarios del centro cultural y concebir un programa de actividades a medida. Asimismo, tendrá que ponerse en contacto con diversas asociaciones y artistas, con el fin de establecer alianzas.

Si empiezas con la contratación pensando en encontrar al candidato ideal, tienes que resignarte: ¡no existe! Los candidatos que se presentarán a la entrevista tendrán perfiles variados:

- Laura trabaja desde hace tres años en el sector cultural, pero solo está disponible para trabajar a tiempo parcial;

- Zora busca un primer empleo y ha llevado a cabo muchas animaciones artísticas y culturales;
- David tiene más de diez años de experiencia en la organización de eventos deportivos;
- Marco es comercial con facilidad para los contactos, apasionado por la cultura y con amplios conocimientos sobre la misma. Asimismo, tiene muchos amigos en el sector y podría activar rápidamente su red a tu servicio.

¿Cómo identificar la persona que responderá mejor a tus expectativas? Definiendo criterios de selección de antemano. Entre la larga paleta de actividades que constituyen la función, ¿cuáles son las que deben realizarse con prioridad? ¿Cuáles son las aptitudes, las capacidades y los conocimientos que te indican que la persona que está sentada frente a ti será efectivamente capaz de enfrentarse al desafío? ¿Qué indicios muestran que los candidatos elegidos se reconocerán en los valores de tu organización? ¿Cuáles son los modos de funcionamiento personales que favorecen su integración en el equipo?

Para facilitar este trabajo de investigación, es necesario constituir una tabla de interpretación coherente, que permita estandarizar el proceso y comparar a los candidatos basándose en criterios idénticos. Dado que cada evaluador tiene su propia subjetividad, la tabla de criterios ofrecerá un prisma común de lectura que permitirá que cada uno se posicione con más objetividad. Así, recogerá las características prioritarias buscadas a nivel de la organización, de la función y de la persona.

A nivel de la organización:

- interés por la cultura;
- interés por los diálogos con los representantes del mundo artístico;
- a gusto en pequeñas empresas que cuenten con pocos recursos;
- a gusto en un ambiente en el que hay que estar disponible el fin de semana.

A nivel de la función:

- capacidades globales:
  - competencias de investigación para llevar a cabo encuestas a un público meta,
  - competencias de análisis para traducir las necesidades del terreno en actividades,
  - creatividad para sensibilizar al público mediante un enfoque lúdico.

- capacidades específicas:
  - buen conocimiento del ámbito cultural, de sus actores, de sus recursos, etc.,
  - dominio de un procesador de textos para redactar informes.

A nivel de la persona:

- asertivo/a y que se atreva a dar su opinión;
- flexible en los horarios de trabajo.

Además de las cualificaciones requeridas, no te olvides de que es necesario preguntarle al candidato sobre sus motivaciones para unirse a la empresa y ocupar la función, así como sobre los elementos de motivación personales (salario, teletrabajo, seguridad laboral, equilibrio vida privada/ vida profesional, posibilidades de ascenso, formaciones, etc.). Estos datos le ofrecerán al futuro mánager indicadores sobre la manera de asistir a la persona, de activar sus competencias y, sobre todo, de mantener su inversión profesional en el tiempo.

Cuando todos los criterios estén definidos, también puedes determinar los indicadores de éxito con estos distintos criterios. ¿Cuáles son los elementos que quieres ver en tu candidato para determinar si responde o no a un criterio? Algunos elegirán darle una nota, medir el nivel de adecuación al criterio en una escala que vaya de uno (en absoluto) a cinco (absolutamente); otros recogerán informaciones cualitativas detectando los datos y observaciones durante la conversación y describiendo la situación lo más objetivamente posible.

Siendo consciente de la tabla que mostramos a continuación, descubrirás la ventaja de estructurar tu entrevista. Los candidatos se comparan sobre criterios idénticos, por lo que las discrepancias entre el perfil buscado y el perfil real del candidato se dibujan con más claridad. Además, también será más sencillo observar las diferencias que existen entre cada candidato. Los evaluadores tendrán que apoyarse en las prioridades, fruto del análisis, y darle preferencia a la persona que responda mejor a las expectativas en los criterios dominantes.

Tabla de selección completada

CRITERIOS DE SELECCIÓN	LAURA	ZORA	DAVID	MARCO
Informe a la organización	• Interés pronunciado por la cultura. • Necesidad de autonomía y de creatividad. •Conocimiento del sector asociativo y cultural.	• Participación en numerosas actividades, sobre todo orientadas a las artes plásticas. • Necesidad de estructura para orientarla.	• Ha organizado eventos deportivos para una empresa privada. • Desconocimiento del sector asociativo y cultural.	• Interés pronunciado por la cultura y amplia red de contactos en el sector cultural. • Experiencia en los sectores bancario e inmobiliario.
COMPETENCIAS GLOBALES				
Investigación	• Ejemplo concreto de una encuesta realizada a ciudadanos para un proyecto de obra de teatro sobre la igualdad de oportunidades. • Va a realizar un diagnóstico en el marco de su otro trabajo a tiempo parcial.	• Explicaciones teóricas sobre la forma en la que procedería, sin ejemplo concreto o experiencia en la materia.	• Ejemplos concretos de trámites llevados a cabo para contactar con socios para organizar eventos. • Método eficaz que parece haber dado resultados en el pasado.	• Ejemplos concretos, contactar con la gente y prospectar clientes es su día a día. • Ha seguido varias formaciones: prospección, determinar el perfil del cliente, análisis de necesidades.

Análisis	• Ejemplo de situación que da la imagen de una persona que funciona sobre todo mediante la intuición y mediante ensayo y error.	• Ejemplo de su memoria: comparaciones y deducciones que revelan un agudo sentido del análisis.	• Le ha costado pensar en una situación. Da la sensación de ser una persona de acción que se apoya en el contacto más que en la reflexión.	• Ejemplo del sector bancario, analiza el perfil de los clientes, sus necesidades y su situación financiera de forma estructurada.
Creatividad	• Muy creativa, numerosos ejemplos de situaciones, muchas ideas sobre la forma de sensibilizar al público.	• Muy creativa, con ideas centradas sobre todo en los tipos de animación.	• Creativo, generoso en ideas, atención a los medios necesarios para concretizar ideas y al respeto de la asignación presupuestaria.	• Indica que la creatividad no es su fuerte, pero que, por el contrario, sabe hacer hablar a la gente y ayudarlos a poner en marcha sus buenas ideas.

Tabla de selección completada (continuación)

CRITERIOS DE SELECCIÓN	LAURA	ZORA	DAVID	MARCO
COMPETENCIAS ESPECÍFICAS: 1 = en absoluto y 5= totalmente				
Conocimiento del ámbito	1 - 2 - 3 - **4** - 5	1 - 2 - **3** - 4 - 5	**1** - 2 - 3 - 4 - 5	1 - 2 - 3 - **4** - 5
Procesador de textos	1 - 2 - 3 - **4** - 5	1 - 2 - 3 - 4 - **5**	1 - 2 - **3** - 4 - 5	1 - 2 - 3 - **4** - 5
CARACTERÍSTICAS PERSONALES				
Asertividad (afirmarse sin agresividad)	Convincente.	Parece muy introvertida y más de evitar que de enfrentarse.	Ningún problema. Parece tender a imponer sus ideas en su ejemplo.	Ok. Muchos ejemplos en los intercambios con clientes agresivos en el sector bancario e inmobiliario.
Flexibilidad	Horario y desplazamiento Ok.	Desplazamiento sí - horario no.	Demuestra mucha flexibilidad.	Está acostumbrado en el sector inmobiliario, muchos ejemplos.

MOTIVACIONES				
Hacia la organización	Interés por el sector cultural y posibilidad de proyectos en común con su otro trabajo a tiempo parcial.	La organización no importa mucho siempre y cuando haya lazos artísticos.	La organización no importa mucho siempre que pueda organizar eventos.	Cambiar de sector, no se ve reflejado en los valores capitalistas, ganas de reorientarse.
Hacia la función	Le gusta tener responsabilidades, coordinar.	Dejar de contentarse con participar en las animaciones y pasar a organizarlas.	Un trabajo en el que pueda organizar y ser parte de la acción.	No importa, siempre que esté en contacto con el público.
Personales	Desempeñar un papel en el sector asociativo.	Encontrar un trabajo vinculado con sus pasiones.	Pregunta cuáles son las ventajas y el salario.	Empezar de nuevo.

Ahora que tienes las ideas claras sobre lo que buscas y que hemos ilustrado el tipo de resultado que obtendrás al estructurar tu entrevista mediante una tabla de criterios de selección, por fin podrás comunicar tus expectativas en una oferta de empleo.

La oferta de empleo

Tu descripción de la función y tus criterios de selección te ayudarán a estructurar una oferta de empleo que recogerá:

- una descripción de la empresa, de sus misiones y de sus valores;
- una descripción de la misión asociada al trabajo que el futuro empleado ejercerá y sus actividades principales;

- una descripción del contexto de trabajo;
- tus expectativas en materia de competencias y de talentos, así como las características personales y la disponibilidad necesaria;
- tu oferta, es decir, el tipo de contrato, las condiciones salariales, las ventajas, las perspectivas futuras, etc.

El análisis hecho de antemano te permitirá identificar el canal de difusión más apropiado para difundir tu oferta. Tienes varias posibilidades:

- comunicación de la oferta de empleo en interno (tablón de anuncios, correo electrónico, revista informativa de la empresa, etc.);
- difusión gratuita de la oferta en Internet vía las instituciones públicas;
- difusión de pago de la oferta en Internet;
- presencia en salones o bolsas de empleo;
- solicitud de una agencia de trabajo temporal, de una agencia de contratación y selección, de reclutadores de personal, etc.;
- difusión en las redes sociales;
- etc.

Es importante cuidar el fondo y la forma de tu comunicación. Reflexiona sobre el público al que te quieres dirigir y sobre el mensaje que quieres transmitirle. La oferta de empleo es un escaparate de tu actividad, que muestras al público. No obstante, la contratación es un proceso bilateral: teniendo en cuenta todo lo que le preguntarás a los candidatos, no te olvides de llamarles la atención sobre lo que tienes para ofrecerles. El estilo de tu anuncio ofrecerá indicios sobre «la marca» de tu empresa: ¿es innovadora y dinámica, o más bien conformista? ¿Ofrece a sus empleados la posibilidad de ser creativos? ¿Está a la última en un ámbito? ¿Transmite valores filosóficos importantes? Etc. Si el currículum expresa la personalidad del candidato, la oferta de empleo arroja luz sobre la del empleador.

EVALUAR A LOS CANDIDATOS CON EL MÉTODO ADECUADO

Los métodos de contratación y de selección varían considerablemente de una empresa a otra, en función del modelo de gestión de recursos humanos por el que apuesten. François Pichault y Jean Nizet (2000) han investigado sobre este tema y han descrito cinco modelos de gestión de recursos humanos y su influencia sobre la gestión de efectivos entrantes y salientes de una organización.

Modelos GRH y prácticas de contratación

MODELO ARBITRARIO	MODELO OBJETIVANTE	MODELO INDIVIDUA-LIZANTE	MODELO CONVENCIO-NALISTA	MODELO VALORIAL
Informal, sin criterios predefinidos.	Sistemati-zación basada en criterios impersonales aplicados uni-formemente.	Personaliza-ción y nego-ciación de los criterios.	Diplomas y disciplinas profesionales.	Identificación para la misión.
Centrado en la opinión del responsable.	Centrado en el procedi-miento super-visado por los sindicatos.	Centrado en la noción de competencia.	Centrado en la validación colegial.	Centrado en los valores.
Sin plani-ficación. Selección por el boca a boca. El responsable selecciona.	Planificación y acento puesto más en los procesos de reclutamiento de personal (reglamen-tados) que en la selec-ción de los candidatos.	Importancia del proceso de selección intercalando entrevistas y pruebas de selección para validar las compe-tencias.	Acento en la selección y análisis del expediente por comi-siones de profesionales.	Sin proceso formal de recluta-miento y selección de personal. Evaluación de la adecuación a los valores comunes.

De esta forma, algunas empresas le dan poca importancia a la selección, ya que privilegian las recomendaciones de su red, mientras que otras le prestarán más atención, considerándola en el marco de una gestión previsional de competencias o por respeto a procesos reglamentados, como en la función pública, por ejemplo.

Algunos métodos son más costosos que otros, por lo que los medios de los que dispongas influirán en tu elección. Los plazos que tienes que respetar también tendrán un impacto sobre el nivel de estructura de tus entrevistas y sobre el número de etapas de selección. Atención, no pierdas de vista que es tu habilidad, y no el método empleado, lo que mejora la contratación.

SELECCIONAR AL CANDIDATO ADECUADO

Preselección mediante CV y carta de motivación

El CV del candidato de deberá permitir tener una primera impresión sobre su trayectoria y sus capacidades personales. Su presentación te dará indicios sobre la forma en que estructura sus ideas y los elementos que quiere destacar para atraerte. La carta de motivación, por su parte, debería aclararte sus intereses y la motivación que le lleva a querer unirse a tu organización.

Para seleccionar las candidaturas con objetividad, establece criterios de preselección: experiencia en el ámbito, conocimientos particulares, dominio de una lengua, etc. A continuación, clasifica las candidaturas basándote en estos elementos.

Antes de eliminar un CV o de privilegiar otro, investiga para asegurarte de que lo que se anuncia se corresponda con la realidad. Para ello, puedes llamar por teléfono al candidato para preguntarle y poner a prueba sus conocimientos y su dominio de lenguas, por ejemplo.

LO QUE HAY QUE TENER EN CUENTA

Muchos candidatos en busca de empleo se muestran reactivos y disponibles, pero eso no significa que estén sentados al lado de su móvil esperando pacientemente tu llamada. Asegúrate de que tu interlocutor esté en buenas condiciones antes de entrevistarlo fijando una cita telefónica, por ejemplo.

Si tus impresiones se confirman, invítale para examinar más en profundidad su candidatura. Si el resultado no se corresponde con tus expectativas y, teniendo en cuenta la energía invertida, estudia primero la posibilidad de recuperar la candidatura para otra contratación. Si el perfil no se corresponde ni con tu organización ni con las tareas que se ejercen en ella, entonces elimina el CV.

Selección a medida en función de tus medios

Después de la primera selección de candidaturas, tendrás que aprender en primer lugar a calcular correctamente el perfil de los que siguen siendo elegibles. Para ello, te verás obligado/a a aplicar el método de selección que se adecúe a tu realidad de trabajo. Si el potencial de los entre tres y cinco candidatos a los que consideras entrevistar es equivalente, podrás diferenciarlos a través de sus experiencias y de sus competencias. Ahora, el desafío radica en comparar objetivamente a los candidatos, y validar tus impresiones optimizando los recursos a tu disposición.

Para prepararte, vamos a valernos del ejemplo del desarrollo de una entrevista de selección para un puesto de coordinador de proyectos culturales en un contexto de presupuesto muy bajo.

El método «STAR»

El método «STAR» responde bien a las necesidades de contrataciones con procesos cortos y bajo presupuesto. Se invita a los candidatos a describir sus situaciones pasadas, concretas, ilustrando la movilización de la competencia meta. Deben estructurar su respuesta describiendo la situación vivida (S), las tareas efectuadas (T), las acciones concretas que se llevaron a cabo (A) y los resultados obtenidos (R).

CRITERIOS DE SELECCIÓN	PREGUNTAS
Valores de la organización	¿Cómo describirías a nuestra organización? ¿Qué características te atraen de ella? ¿De qué forma es motivante para ti trabajar en este tipo de contexto profesional? ¿Qué esperas de una organización para sentirte realizado en el trabajo?
COMPETENCIAS GLOBALES	
Investigación Análisis Creatividad	Método STAR: ¿Podrías describirnos una situación concreta en la que hayas ejercido X competencia en el pasado? ¿Qué tareas debías efectuar? ¿Qué acciones llevaste a cabo? ¿Qué resultados obtuviste al proceder así?
COMPETENCIAS ESPECÍFICAS	
Conocimiento del ámbito cultural Procesamiento de textos	Ejercicio en el ordenador: recurriendo a tus conocimientos en el ámbito cultural, ¿podrías redactar un informe de dos páginas en el que nos indiques el interés que puede tener la cultura para nuestro público meta en la educación infantil?
CARACTERÍSTICAS PERSONALES	
Asertividad Flexibilidad	Método STAR: ¿Podrías describirnos una situación concreta en la que ilustres tu asertividad/flexibilidad?

CONCRETIZAR TOMANDO LA DECISIÓN CORRECTA

La decisión correcta en la contratación se deriva de la mayor correspondencia posible entre el perfil de la persona contratada y la función definida. Esto pone de relieve de nuevo la necesidad de cuidar la preparación de la contratación, sobre todo dedicándole tiempo al análisis de la demanda y de las características prioritarias que se buscan para el puesto. Una buena descripción de la función te ofrecerá un buen marco de contratación. Cuanto más estructurada esté tu preparación y tu método, más fácil te debería resultar tomar la decisión final.

Para comunicarle a los responsables el resultado de las entrevistas, lo más simple es ofrecer una tabla comparativa de los candidatos en la que se resuman las observaciones sobre los diferentes criterios y las conclusiones de los evaluadores. Puedes proponer una clasificación de los candidatos para facilitar la decisión final de los representantes de la organización, que tienen en sus manos la responsabilidad del contrato. Aunque el presupuesto esté en principio determinado al inicio del proceso, no te olvides de mencionar las condiciones contractuales y salariales con el candidato antes de presentar el resultado de tu selección. Puede que algunos quieran negociar su salario y sus ventajas y tendrás que hablar de los márgenes de maniobra con el responsable final. Cuando el candidato tiene un perfil escaso o excelente, las condiciones del contrato se flexibilizan.

LOS MEJORES CONSEJOS

- La contratación no se para con la firma del contrato. Si quieres asegurarte de la implicación de la persona con tu organización, tendrás que cuidar de su acogida y de su integración después de las formalidades administrativas. Esto contribuye a su satisfacción y, por tanto, a su motivación. Se pueden poner en marcha muchos trámites: preparar el material de trabajo, prever una entrevista de acogida con el superior jerárquico, explicar los usos y costumbres de la empresa, poner los datos a su disposición, presentar a la nueva incorporación al personal mediante una visita de servicios, planificar un programa de formación, etc.

- No pierdas de vista que la decisión final también le pertenece en un 50% al candidato. Mientras que este tiene que mostrarse competente, la empresa que contrata tiene que mostrarse atractiva. ¡Así que cuida tu actitud! Aunque el proceso de selección precisa de un análisis del candidato para ver si se corresponde con tus expectativas, no te olvides de que estás hablando con un potencial futuro colega. El candidato también está activo en el proceso y te analiza a su vez.

- Mantente atento/a a los procesos de discriminación. Nuestros estereotipos (ideas preconcebidas y generalizaciones de ciertas características vinculadas con los grupos sociales) están en el origen de prejuicios relativos a ciertos perfiles. Las leyes de anti-discriminación y las políticas de diversidad permiten canalizar estos comportamientos. A tu nivel, utiliza técnicas estandarizadas (comparando a los candidatos mediante criterios de selección idénticos) para ofrecer más objetividad; concéntrate en las competencias y evita criterios como límites de edad en tus ofertas de empleo.

El efecto rebote del estereotipo

Paradójicamente, si intentas ahuyentar pensamientos que te parecen inapropiados durante una entrevista, es muy probable que estos estén aún más presentes. Los investigadores buscan pistas que les lleven a soluciones que remedien estos efectos secundarios del control mental. A la espera, el hecho de ponerse en la piel de la persona estereotipada será un mejor enfoque que intentar no pensar en los prejuicios que le conciernen.

- Si cuentas con pocos medios para contratar, apuesta por una entrevista estructurada y preparada de antemano, centrada en el análisis de los conocimientos del candidato más que en preguntas espontáneas y diferentes que induzcan a la subjetividad y que no permitan comparar a las personas mediante criterios idénticos. Este tipo de entrevista es, de hecho, poco costoso, y diversas investigaciones indican que su validez es relativamente elevada. Esto subraya de nuevo la importancia de la preparación y de la selección de criterios comparativos para los perfiles. Los centros de evaluación son más tranquilizadores debido a los métodos cruzados que utilizan pero, por desgracia, son muy caros.
- No te olvides de explorar las motivaciones del candidato.

Una persona competente que no esté motivada no será eficaz. No te contentes con preguntarle al candidato si está motivado; es más que probable que su respuesta sea afirmativa. Pregúntale sobre sus elementos de motivación. ¿Le atrae la imagen de tu empresa y las ganas de unirse a ella? ¿El puesto es de especial interés? ¿La persona está motivada por un proyecto profesional y, si es el caso, puedes responder al mismo? ¿Cuáles son sus motivaciones personales (desafío, estabilidad, salario, posibilidades de formación, autonomía)?

PREGUNTAS FRECUENTES

¿LOS MEJORES CANDIDATOS SIEMPRE SE ENCUENTRAN FUERA DE LA EMPRESA?

No. Antes de invertir en una contratación, considera los perfiles dentro de tu empresa y las posibilidades de evolución profesional que puedes ofrecerles. Es un importante factor de motivación para el personal interno.

Una tabla de análisis de la rotación del personal (*turnover* en inglés —flujo de salidas voluntarias e involuntarias de la empresa) te permitirá situar los perfiles en el seno de tu organización. Esto plantea la cuestión de la «reemplazabilidad» del personal: ¿el empleado que se ha marchado era eficaz (productividad, capacidad para trabajar con otros, posibilidad de tener responsabilidades importantes, etc.)? ¿Su eficacia es fácil de reemplazar? ¿Existen perfiles idénticos que podrían hacerlo?

El análisis rendimiento/reemplazabilidad desarrollado por D. C. Martin y K. M. Bartol te guiará en esta reflexión.

Análisis rentabilidad/reemplazabilidad

RENDIMIENTO	REEMPLAZABILIDAD	
	Difícil	*Fácil*
Elevado	**Grupo A:** Rendimiento elevado y difícil de reemplazar > Retenerlos y permitirles desarrollarse.	**Grupo B:** Con un rendimiento tan bueno como el de los A pero relativamente fáciles de reemplazar > Retenerlos y permitirles desarrollarse.
Medio	**Grupo C:** Los más fiables de la organización, lo suficientemente eficaces en los ámbitos importantes o en aquellos en los que faltan competencias > Retenerlos y reforzar su rendimiento.	**Grupo D:** Los más fiables, pero su salida impacta menos en la organización > Retenerlos o reemplazarlos si la empresa se lo puede permitir económicamente.
Bajo	**Grupo E:** Poco fiables, poco eficaces, pero contribuyen a la organización y son difíciles de reemplazar. Su salida impacta a la productividad y podría desmoralizar al resto de trabajadores > Formar a mánagers que sepan tratarlos, dar feedback, intentar aumentar su rendimiento. Desprenderse de ellos como último recurso, si los esfuerzos para elevar el nivel no tienen éxito.	**Grupo F:** No les gustan las normas y están por debajo del rendimiento esperado > Animarles, intentar aumentar su rendimiento. Desprenderse rápidamente de ellos si los esfuerzos para aumentar el nivel no tienen éxito.

¿CUÁLES SON LOS MÉTODOS DE SELECCIÓN UTILIZADOS MÁS A MENUDO?

Son varias las técnicas que se encuentran a tu disposición para aprender a conocer mejor a los candidatos:

- la entrevista no estructurada, que privilegia el intercambio espontáneo con la persona sobre su trayectoria profesional y sobre las capacidades descritas en su CV. Deja la puerta abierta a la subjetividad;

- la entrevista estructurada, que se articula en torno a criterios de selección que orientan la entrevista. La tabla de evaluación de candidatos se hace en referencia a una descripción de la función. La estandarización que ofrece este enfoque tiende a aumentar la objetividad;
- el enfrentamiento de los candidatos a situaciones críticas, que permite estudiar la forma en la que toman sus decisiones. Este enfoque tiene en cuenta la evaluación de criterios de éxito predefinidos;
- las pruebas psicométricas, que permiten evaluar la inteligencia de los candidatos, sus competencias específicas (pruebas de memoria, de competencia verbal, de razonamiento perceptivo, de lógica analítica, de velocidad, de organización perceptiva, etc.) o saber más sobre su personalidad (prueba MBTI, prueba SOSIE, etc.);
- los *assesment center*, o centros de evaluación, que le permiten a los reclutadores de personal observar a los candidatos en puestas en situación profesionales individuales o colectivas (la prueba de la bandeja de entrada, debates, negociaciones, juegos de rol, resolución de problemas en equipo, etc.). Las situaciones y la combinación de pruebas podrán variar de una empresa a otra y habrá que dedicarles uno o dos días;
- los cazatalentos;
- las referencias profesionales y recomendaciones.

¿CUÁLES SON LOS MÉTODOS MÁS EFICACES?

Varios estudios científicos han demostrado que los siguientes métodos tienen una validez predictiva (cualidad de la predicción del rendimiento) y una fiabilidad inter-evaluadores (grado de acuerdo entre los evaluadores, que se corresponde con una cierta objetividad) muy elevados:

- la entrevista estructurada;
- la entrevista situacional;
- las pruebas de aptitud y de inteligencia;
- las puestas en situación;
- los centros de evaluación.

Aunque muchos candidatos indican sus referencias y añaden a sus dossiers cartas de recomendación, existen estudios que indican que este método tiene una fiabilidad inter-evaluadores y una validez predictiva baja.

¿CUÁNTO TIEMPO DURA EL PROCESO DE CONTRATACIÓN?

El tiempo que dura una contratación es muy variable y depende de numerosos factores. Al responder a las siguientes preguntas estarás capacitado para planificar tu proceso de contratación entre las múltiples actividades que estás obligado/a a gestionar.

- ¿La contratación es urgente?
- ¿La contratación es importante?
- ¿El que el puesto no esté ocupado es perjudicial para la empresa? De ser así, ¿en qué medida?
- ¿Qué actividades se verán interrumpidas y en qué afectará a la continuidad de los otros procesos en marcha?

- ¿Cuál es la viabilidad de esta contratación? ¿Disponemos de los medios (tiempo, personal, herramientas, etc.) necesarios para realizar la contratación?
- ¿Los perfiles son fáciles de encontrar en el mercado laboral o son más bien escasos?

¿CUÁNTAS ETAPAS HAY QUE ESTABLECER EN LA SELECCIÓN?

Comienza considerando los criterios ineludibles para la evaluación de los perfiles de los candidatos. No sirve de nada prever entrevistas demasiado largas, ya que el nivel de atención y de interés de los participantes correrá el riesgo de descender. Si tu lista de criterios es larga, es preferible realizar varias etapas de selección en vez de una entrevista interminable.

Cuanta más información cotejes, mayor será el nivel de certitud. Tendrás que encontrar la medida justa entre la validez de los métodos a tu disposición y tus prioridades (nivel de urgencia multiplicado por el nivel de importancia de la contratación). Si enfocas bien las competencias y estructuras tus preguntas, te será posible tomar las decisiones correctas.

¿QUIÉN TIENE ALGO QUE DECIR EN LA CONTRATACIÓN?

Si quieres aumentar las posibilidades de elegir el perfil adecuado, es importante que te rodees de evaluadores con un perfil pertinente. Aunque están capacitados para objetivar sus análisis, los representantes de recursos humanos no son los únicos buenos evaluadores. Si buscas un perfil técnico o específico, a veces es interesante invitar a una persona de ese ámbito para que participe en el proceso de selección. Estará más capacitada para verificar las palabras del candidato y la pertinencia de sus respuestas. Un contacto con el mánager tampoco está mal, teniendo en cuenta que la relación de trabajo tendrá un impacto innegable en la calidad del rendimiento futuro. En algunas empresas, el candidato seleccionado también entra en contacto con el equipo antes de la decisión final.

¡LAS EMOCIONES DESEMPEÑAN UN PAPEL EN EL RENDIMIENTO DEL EQUIPO!

Varios investigadores recomiendan llevar a cabo formaciones relativas a los aspectos emocionales que entran en juego en el seno de los equipos de trabajo. De hecho, han constatado que las emociones positivas aumentaban el rendimiento del equipo mientras que los conflictos tienen el efecto inverso. Por ello, además de las competencias, es importante asegurarse de la adecuación de la forma personal de trabajar del candidato con la cultura de equipo y el tipo de gestión.

¿CÓMO EVITAR A LOS «FALSOS BUENOS CANDIDATOS»?

Tu mejor guía será tu tabla de selección, enfocada a criterios objetivos. Un estudio recuperado en la obra de Sonia Laberon demuestra que, aunque los encargados de la contratación exploran competencias técnicas variables, tienden a buscar rasgos de personalidad similares: cualidades relacionales, dinamismo, escucha, iniciativa, rigor, autonomía, disponibilidad y organización.

Aunque estas cualidades sean atractivas, pregúntate si corresponden al perfil del equipo y al contexto de trabajo. De nada sirve contratar a un perfil muy autónomo para una función que da poca libertad a la aplicación. El hecho de que el candidato sea simpático, sonriente y que comparta algunas de tus pasiones no significa que sea eficaz. Y el que una persona sea introvertida y se muestre tímida en la entrevista no quiere decir que no presente fabulosos talentos profesionales. Prepara tu contratación y equípate de métodos estructurantes para protegerte de tu subjetividad.

¡AHORA ES TU TURNO!

CONTRATACIÓN

ANÁLISIS

- ¿Por qué?
- ¿Para quién?
- ¿Con qué objetivo?
- ¿Con qué impacto?

ESTRATEGIA

- Descripción de la función clara para:
  - los comanditarios
  - los evaluadores
  - los destinatarios
- Criterios de selección a nivel de:
  - la organización
  - la función (competencias globales y específicas)
  - el funcionamiento personal
- Oferta de empleo – descripción de:
  - empresa
  - trabajo
  - contexto
  - contrato, salario, ventajas
- Canales de difusión:
  - en interno
  - web gratuita a través del sector público
  - web de pago
  - salón de empleo
  - agencia de trabajo temporal
  - oficina de reclutamiento y selección de personal
- Selección:
  - cazatalentos
  - redes sociales
  - otros: ......

EVALUACIÓN DE LOS PERFILES

- Entrevista no estructurada
- Entrevista estructurada
- Pruebas de conocimiento, informática, idiomas
- Puesta en situación
- Pruebas psicotécnicas
- Referencias y cartas de recomendación
- Otros: ....

SELECCIÓN

- Difusión de la oferta
- Preselección en base a los CV y a las cartas de motivación
- Investigación a través de entrevista telefónica
- Prueba(s) y entrevista(s) de selección
- Debriefing entre los evaluadores
- Informe de análisis comparativo de perfiles
- Otros:.....

CONCRETIZACIÓN

- Elección del candidato
- Feedback al candidato seleccionado y a los no seleccionados
- Formalidades administrativas vinculadas con la contratación
- Acogida e integración del nuevo colega

PARA IR MÁS ALLÁ

FUENTES BIBLIOGRÁFICAS

- Azzopardi, Gilles. 2006. *Réussir les nouveaux tests de QI*. París: Marabout.
- Dumont, Muriel y Vincent Yzerbyt. 2001. "Le contrôle mental des stéréotypes: enjeux et perspectives". *L'année psychologique*, vol. 101, n.º 4, 617-653.
- Krebs Hirsh, Sandra y Jean M. Kummerow. 1999. *Introduction aux types psychologiques dans les organisations*. Zellik: Alert Management Consultants.
- Martin, D. C. y Kathryn. M. Bartol. 1985. "Managing Turnover Strategically". *Personnel Administrator*, n.º 30, 63-73.
- Laberon, Sonia, ed. 2011. *Psychologie et recrutement. Modèles, pratiques et normativités*, Bruselas: De Boeck.
- Pichault, François y Jean Nizet. 2000. *Les pratiques de gestion des ressources humaines*. París: Seuil.
- Xiao-Yu Liu, Charline, E. J. Härtel y James Jian-Min Su. 2014. "The Workgroup Emotional Climate Scale: Theorical Development, Empirical Validation, and Relationship With Workgroup Effectiveness". *Group & Organizational Management*, vol. 39, n.º 6, 626-663.

FUENTES COMPLEMENTARIAS

- À Compétence Égale. http://www.acompetenceegale.com/
- FedWeb. www.fedweb.belgium.be
- Selor. www.selor.be

www.en50Minutos.es

ISBN ebook: 9782806277633

ISBN papel: 9782806291653

Depósito legal: D/2016/12603/897

Libro realizado por <u>Primento</u>, *el socio digital de los editores*